새 생명의 교육 과정
5

복음 전파

워치만 니 / 위트니스 리

한국복음서원

제5과

복음 전파

1. 복음을 전하는 생활
2. 복음 전파의 능력
3. 복음 전파의 실행
4. 복음 전파의 조건
5. 복음 전파의 도구
6. 복음 전파의 비결

1. 복음을 전하는 생활

복음 전파는 성경에 있는 가장 큰 위임이고, 하나님께서 우리에게 주신 가장 큰 사명이다. 이것은 또한 주님께서 부활하신 후 승천하실 때 주신 마지막 위임이다.

마태복음 28장 19절을 읽기 바란다.

"그러므로 너희는 가서 모든 민족을 제자로 삼아 아버지와 아들과 성령의 이름으로 침례를 주고".(원문 참조)

마가복음 16장 15절,

"너희는 온 천하에 다니며 만민에게 복음을 전파하라".

누가복음 24장 47절,

"또 그의 이름으로 죄 사함을 받게 하는 회개가 예루살렘에서 시작하여 모든 족속에게 전파될 것이 기록되었으니".

위의 세 구절은 주님께서 부활하신 후 우리에게 주신 가장 큰 사명이 복음 전파임을 말해 준다.

사람이 구원을 받으면 복음을 전할 부담을 갖게 된다. 다른 사람들이 권하지 않더라도 복음을 전하면 기뻐 뛰게 되고 자신도 불타게 된다. 복음을 전하면 모두가 한마음 한뜻이 되고 교회 안에서 의견도 사라지게 된다.

- _____________는 성경에 있는 가장 큰 위임이다.
- 당신은 구원받자마자 자연히 복음을 전할 부담이 있었는가? ____________________

요한복음 15장 5절을 읽기 바란다.

"나는 포도나무요 너희는 가지라 그가 내 안에, 내가 그 안에 거하면 사람이 열매를 많이 맺나니".

우리는 복음 전파가 많은 사람들이 말하는 전도가 아니라 열매 맺는 것임을 확실히 보아야 한다. 사람들이 말하는 '전도'란 전도사들이 하는 일을 가리킨다. 그러나 열매 맺는 것은 구원받은 모든 사람들이 해야 할 일이다. 성경은 구원받은 모든 사람을 포도나무의 가지라고 말한다(요 15:1-2). 가지의 유일한 본분은 열매를 맺는 것이다. 복음 전파가 열매를 맺는 것이라면 일종의 본분인 것이다. 그러므로 복음 전파는 전문적인 사람이 하는 전문적인 일이 아니라 모든 사람이 마땅히 해야 할 생활의 본분이다. 누구도 복음 전파를 직업으로 삼을 수 없다. 구원받은 모든 사람들은 복음 전파를 일상생활의 본분으로 삼아야 한다.

우리는 주 예수님의 몸의 가지들이다. 다른 나무의 가지가 된 것이 아니라 포도나무의 가지가 된 것이다. 포도나무의 가지는 열매를 맺기 위한 것이고, 열매 맺는 것은 포도나무의 본분이다. 포도나무의 가지에게는 다른 할 일이 없다. 오직 열매 맺는 본분이 있을 따름이다. 우리는 포도나무이신 주님의 가지들이므로 우리의 본분은 복음을 전하고, 죄인을 구원하고, 열매를 맺는 것이다.

● 복음을 전하는 것은 곧 ____________이다. 구원받은 모든 사람이 응당 해야 할 ______이다.

복음 전파는 어떤 직업이 아니고, 밖의 행위가 아니고, 안의 생명의 율이다. 우리 모두는 생명의 종류대로 생명의 율이 있음을 안다. 물고기는 물속에서 헤엄치고 새는 공중에서 난다. 그렇게 헤엄치고 나는 것은 모두 생명의 율이다. 마찬가지로 모든 나무가 열매를 맺는 것도 생명의 율이다. 어떤 나무도 안의 생명의 율이 아닌 밖의 행위로 열매를 맺을 수 없다. 열매는 나무 밖에 있는 것이지만 나무 안의 생명의 율에서 나온 것이다. 복음을 전하는 것은 열매를 맺는 것이므로 생명의 율인 것이다. 형제자매들은 구원받은 모든 사람 안에 있는 거듭난 생명에 여러 가지 율과 특성과 기능이 있음을 알아야 한다. 그중 한 가지 특성과 기능은 복음을 전하는 것이다. 복음을 전하지 않으면 안 되는 특성이 있다. 그리스도인의 특별한 본능은 곧 복음을 전하는 것이다. 이것은 그리스도인의 취미가 아니라 그리스도인의 생명이다.

예를 들어, 당신은 고양이에게 쥐를 잡지 말라고 할 수 없다. 개에게 짖지 말라고 할 수 없다. 왜냐하면 그것이 곧 고양이와 개의 생명의 특성이자 생명의 율이기 때문이다. 마찬가지로 그리스도인이 복음을 전하는 것도 안의 생명의 특성에서 비롯된 것이다. 그렇기 때문에 어떤 지방에서든지 교회가 복음을 전할 때에는 형제자매들이 아주 적극적으로 호응하고 물질과 힘을 드리는 것이다. 그 이유는 바로 우리 안에 있는 생명이 복음을 전하는 생명이기 때문이다.

그리스도인 안에 있는 생명은 거룩하고 사랑이 많고 온유한 생명일 뿐 아니라 복음을 전하는 생명이기도 하다. 당신은 시험해 볼 수 있다. 당신이 복음을 전하지 않으면 반드시 속이 편치 않고 즐겁지 않을 것이다. 반대로 당신이 복음을 전하면 반드시 속이 기쁘고 상쾌할 것이다. 왜냐하면 당신이 속에 있는 생명을 따랐기 때문이다. 좋은 그리스도인이 되려면, 반드시 속에 있는 생명이 자연스럽게 발전되게 하고 생명의 특성과 기능이 자연스럽게 나타나게 해야 한다. 당신이 생명을 발전시키고 나타나게 하려면 복음을 전하지 않을 수 없게 된다.

그러므로 내가 입교했기 때문에 다른 사람도 입교하게 해야 한다는 관념은 가져서는 안 된다. 또한 교회에서 모든 사람에게 복음을 전해야 한다고 격려하므로 교회의 일원으로서 복음을 전해야겠다고 여겨서 전하려고 하지 말라. 만약 이렇게 복음을 전한다면 그것은 생명의 자연적인 표현이 아니다. 우리는 그리스도인의 복음 전파가 종교 활동이나 어떤 경건한 행위가 아니라, 생명의 율임을 알아야 한다.

● ____________는 그리스도인의 생명의 특성이다.

오늘 당신이 보아야 할 것은, 복음 전파는 열매를 맺는 것이고 그리스도인의 본분이며 그리스도인의 특성이라는 것이다. 그러므로 당신이 주님을 믿으면 자연히 복음을 전하는 생활을 할 수 있다.

1. 마태복음 28장 19절과 요한복음 15장 5절을 기도하며 외우기 바란다. 지난 한 주간 《새 생명의 교육 과정》을 추구했으면 아래 빈칸에 V표를 해 보라.

(월)_____ (화)_____ (수)_____ (목)_____ (금)_____ (토)______

복음을 전하는 찬송가 한 곡을 소개한다.

영광스런 복음 전파

G C G D7
1. 영 광 스 런 복 음 전 파 생 명 의 넘 쳐 흐 름
2. 생 명 흘 러 사 람 들 이 믿 고 순 종 하 겠 네
3. 나 는 포 도 나 무 가 지 주 님 안 에 거 하 여
4. 내 온 생 활 복 음 전 해 주 의 번 성 이 루 리
G C G D7 G
우 리 의 산 간 증 으 로 죄 인 들 구 원 받 네
생 명 공 급 흐 름 으 로 주 를 영 접 하 겠 네
생 명 흘 러 사 람 에 게 주 를 분 배 하 겠 네
진 리 생 명 나 타 내 어 생 명 열 매 맺 겠 네
D G C G
주 여 내 게 생 명 흘 러 주 표 현 케 하 소 서
D G C D G
당 신 의 산 그 릇 되 어 생 명 전 케 하 소 서

2. 복음 전파의 능력

기독교 안의 통상적인 생각은 복음 전파의 능력이 충분한 기도와 성령의 충만에서 나온다는 것이다. 복음 전파에 능력이 있으려면 기도와 성령 충만이 필요하다는 것을 우리도 절대적으로 시인한다. 그러나 갓 구원받은 그리스도인이 복음을 전하는 경우에 있어서, 그의 능력은 기도와 성령 충만에 있지 않고 그가 그리스도인이라는 데 있다. 당신이 그리스도인이라는 데에 복음의 기본 능력이 있다. 이것이 당신의 복음 전파의 자본이다.

● 당신의 복음 전파의 기본적인 능력은 무엇인가?

우리가 가지고 있는 또 하나의 잘못된 관념은, 노련한 그리스도인이 복음을 전해야 능력이 있다고 생각하는 것이다. 장로들이 나가서 복음을 전해야 능력이 있을 것이라고 생각한다. 그러나 그렇지 않다. 정반대이다. 사람이 노련해지면 도리어 복음을 잘 전하지 못한다. 왜냐하면 늙으면 열매를 맺지 못하기 때문이다. 포도원에 가

보라. 오래된 가지가 맺은 포도는 하나도 없다. 모두가 그해에 난 새 가지에서 맺은 것이다. 그러므로 포도원을 가꾸는 사람은 겨울이 지나면 오래된 가지들은 모두 잘라 낸다. 그래야 봄에 새 가지가 자라서 포도를 맺는다. 열매 맺는 능력은 새 가지에 있다. 마찬가지로 새로 구원받은 사람들은 모두 포도나무이신 주님의 새 가지들이다. 그들의 복음 전파의 능력은 그들이 새로 구원받은 사람이라는 데에 있다. 그러므로 교회가 복음을 전하고 많은 사람을 구원하려면 새로 구원받은 사람이 복음을 전하게 해야 한다. 금년에 구원받은 사람은 금년에 복음을 전하는 것이 복음의 능력이다.

● 어떤 사람이 복음을 전하는 데 능력이 있는가?

만약 당신이 '복음을 전하려면 반드시 노련하고 생명이 충만한 기도가 있어야 하고 성령 충만도 있어야 한다. 그렇지 않으면 능력이 없다.'고 생각한다면, 이것은 당신으로 하여금 복음을 전하지 못하게 한다. 당신은 먼저 자신을 무장해야 하고 훈련을 받아 상당한 표준에 이르러야 복음을 전할 수 있다고 생각할 것이다. 이렇게 생각하는 것은 당신을 해치는 것이다.

오늘 우리는 여기에서 이러한 관념을 바꾸어야 한다. 우리는 새 신자들이 복음을 전할 때에는 노련할 필요가 없고 그렇게 많은 기도도 필요하지 않고 심지어 성령 충만도 필요하지 않다고 말해야 한다. 당신이 구원받은 사람이라면, 당신이 갓 구원받은 것이 자본이요, 능력이다. 복음 전파의 기본 능력은 갓 구원받은 데에 있다. 만약 당신이 아주 노련한 사도로서 복음을 전하러 간다면 베드로같이 먼저 열흘 동안 기도를 해야 하고 성령 충만을 받아야 한다. 당신은 단지 작은 제자로서 갓 구원받았다. 그러나 주님께 감사하고 찬양하라. 작은 제자로서 복음을 전하는 데에는 자격이 필요하지 않다. 단지 당신이 새로 구원받았다는 그것으로 족하다. 새로 구원받았다는 이것이 당신의 자본이다. 물론 복음을 전하는 데에는 다른 자본도 필요하다. 그러나 천천히 하라. 현재 당신이 쓸 수 있는 유일한 자본은 당신이 구원받았다는 것과, 당신이 갓 구원받은 사람이고 새로 구원받은 사람이며 새 가지라는 점이다. 새로 구원받은 사람일수록 신선하고 효과가 있다. 만약 당신이 지난달에 갓 구원받은 사람으로서 이 달에 사람을 방문하고 친지들을 인도한다면 당신은 능력이 충만하고 신선하며 활발할 것이다. 당신이 전한 복음 진리가 정확하지 않을지라도 사람이 구원받게 할 수 있을 것이다.

- 당신은 주님을 믿은 때부터 지금까지 몇 사람을 구원받게 했는가? ______________________
- 당신은 갓 믿었을 때 사람을 많이 인도했는가, 구원받은 지 오랜 뒤에 많이 인도했는가? ______________

복음을 전하는 것은 다른 일을 하는 것과 다르다는 것을 알아야 한다. 당신이 진리를 가르치는 교사가 되려면 절대적으로 정확해야 한다. 그러나 복음 전파는 사람을 구원받게 하기만 하면 된다. 꼭 정확성이 필요한 것은 아니다. 어떤 형제는 아주 정확하게 복음을 전하지만 오히려 사람들이 구원받기가 쉽지 않고, 어떤 형제는 엉망으로 전했지만, 사람이 구원을 받았다. 전에 중국 대륙에서 주님께 크게 쓰임 받은 쑹상지에(宋尙節) 형제가 가장 좋은 예(例)이다. 그가 전한 복음 중 어떤 말은 정말 진리에 맞지 않았다. 예를 들어, 그는 마가복음 5장에서 말한 혈루병의 피를 주 예수님의 보혈이라고 전했다. 그러나 큰 무리의 사람이 계속 구원을 받았다. 이 말은 여러분에게 교리를 잘못 전해도 된다고 권하는 것이 아니라, 사람들을 구원받게 하는 것이 꼭 옳은 메시지를 전하는 데 있지 않다는 것이다. 반드시 좋고 옳은 메시지를 전한다 해서 사람이 구원받는 것은 아니다. 갓 구원받은 형제는 성경에 대해 분명하지 않고 메시지도 전할 줄 모르지만 그가 가서 전하기만 하면 구원받는 사람이 있게 된다. 그러므로 여러분은 열매 맺는 것이 옳은 메시지를 전하는 데에 있지 않고 새 가지에 있음을 보아야 한다. 복음 전파는 완전히 당신이 그리스도인이라는 데에 달려 있다. 당신이 그리스도인이라는 것이 당신의 능력이다.

● 열매 맺는 것은 __________에 달려 있고 ____________________에 달려 있지 않다.

혹 어떤 사람은, "저는 그리스도인이지만 형편없는 제가 어찌 복음을 전할 수 있겠습니까?"라고 변론할지도 모른다. 이것을 기억하라. 당신도 복음을 전하면 좋아진다. 만약 당신이 좋아진 다음에 복음을 전하러 가려 한다면 더 형편없어질 것이다. 형편없는 모습으로 복음을 전하러 가도 결국에는 좋아진다. 기묘한 것은, 복음을 전하지 않는 사람은 대개가 형편없고, 전하는 사람은 대개 상태가 좋아진다는 것이다. 복음을 전하지 않는 사람은 갈수록 형편없어지고, 전하는 사람은 본래는 형편없었지만 전할수록 상태가 좋아진다. 그러므로 당신이 그리스도인이라면 다른 것을 조금도 고려할 필요가 없이 복음을 전하러 가야 한다.

이제 당신은 복음 전파의 능력이 당신이 구원받은 그리스도인이라는 데에 있고 당신의 신선함에 있음을 분명 보았을 것이다. 당신의 과거가 어떠하든 지금 당신은 복음을 전하는 사람이 되고 싶지 않은가?

질문:

1. 복음 전파의 능력은 무엇인가?

복음을 전하는 것에 대한 찬송가 한 곡을 소개한다.

빈손 들고서

3. 복음 전파의 실행

마가복음 5장 19절을 읽기 바란다.

“집으로 돌아가 주께서 네게 어떻게 큰 일을 행하사 너를 불쌍히 여기신 것을 네 가족에게 알리라”.

어떤 일을 하든지 기술적인 것을 강구해야 한다. 복음 전파에도 당연히 기술이 필요하다. 그러나 새 신자들은 당분간은 다른 것을 상관하지 말고 전하기만 하면 된다고 말하고 싶다. 당신이 가서 전하는 것이 당신의 기술이다. 새 신자들은 복음을 전할 때 두 가지 일을 주의해야 한다. 첫째로, 당신이 그리스도인이라는 것이 당신의 능력이다. 둘째로, 당신이 가서 전하는 것이 당신의 기술이다. 당신은 전할 줄 모르는가? 전하면 할 수 있게 된다. 당신은 전하지 못하는가? 전하면 전할 수 있게 된다. 어떻게 하느냐고 묻지 말라. 전하면 할 수 있게 된다. 물어 볼수록 더 어려워진다. 모든 일의 법칙은 자연스러운 것에 있다. 그리스도인이라는 것이 능력이고 또한 자연스러운 것이다. 전하는 것은 기술의 문제이기도 하지만 또한 자연스러운 것이다. 그러므로 많은 방법을 배우지 말고 자연스런 율에 따라 전하면 된다.

새 신자들이 복음을 전할 때에 주의해야 할 두 가지는 무엇인가?

1. ______________________
2. ______________________

우리는 항상 어떤 일이든지 짜임새가 있고 조리 있는 것을 좋아하고 복음을 전하는 데 있어서도 그러하다. 그러나 하나님은 이렇게 하기를 좋아하시지 않을 수 있다. 성경 안의 복음 전파를 읽어 보라. 거기에는 그다지 짜임새나 조리가 있지 않다. 빌립을 보라. 그는 주 예수님을 만난 후 즉시 전하러 갔다(요 1:43-51). 그는 말을 틀리게 했지만 자신의 말이 옳은가 틀린가에 개의치 않고 나다나엘을 만나자 즉시 예수님을 그에게 전했다. 빌립의 생각에는 나사렛 사람 예수님이나 목수의 아들이나 요셉의 아들이 다 비슷한 것 같았다. 당신이 믿을 수 없다면 와서 보라는 것이다. 빌립은 대충 전했지만 그의 전파로 나다나엘이 구원을 받았다. 나다나엘이 구원받은 것은 경험이 많고 정확하게 메시지를 전하고 기술이 뛰어난 복음 전파자로 말미암은 것이 아니라, 갓 주님께 돌아와 메시지도 분명하지 않고 아는 것도 별로 없는 사람이 전한 말씀으로 말미암은 것이었다. 그러므로 새 신자들은 반드시 가서 복음을 전해야 한다. 복음을 전하는 기술은 바로 전하는 것이다. 당신이 그리스도인이라는 것이 바로 당신의 능력이고, 당신이 전하는 것이 바로 기술이다.

● 빌립의 이야기는 무엇을 말해 주는가?

____

복음 전파의 실행을 말할 때, 먼저 당신의 모든 친척과 친구와 급우들과 동료들의 명단을 작성하라. 이미 구원받은 사람은 작성할 필요 없다. 구원받지 않은 사람들을 대상으로 복음을 전하라. 당신은 당신의 친척과 친구들에게 전해야 한다. 이것이 출애굽기 12장에서 이스라엘 사람들에게, 유월절을 지낼 때 한 집에서 어린양을 다 먹지 못하면 이웃과 나누어 먹으라고 말한 뜻이다. 각지 교회는 새로 구원받은 모든 사람들을 데리고 이 일을 해야 한다. 당신은 사도행전 1장에서, 예루살렘에서부터 유대 온 땅과 사마리아와 땅 끝까지 복음을 전하라고 말한 것을 기억하는가? 이것이 널리 복음을 전하는 원칙이다. 이것은 중심에서 밖으로 확장되는 것이다. 그러므로 우리도 가까운 친지와 친척으로부터 밖으로 확장되어야 한다. 구원받지 않은 친지나 친구들의 명단을 작성한 뒤 기회가 되는 대로 그들을 접촉해 보라. 이 접촉은 친구를 사귀거나 왕래하기 위한 것이 아니라 복음을 전하기 위한 것이다. 그들을 접촉할 때 너무 많이 말하거나 변론하지 말라. 그렇게 하다가 잘못하면 도리어 구원의 문 앞에서 그들을 가로막게 될 것이다. 교회에서 복음을 전하는 집회가 있을 때 될 수 있는 대로 그들을 참석하게 하고 복음을 듣고 주님을 영접하게 하라.

지금 당신의 동급생이나 동료 열 명의 이름을 적어 보라.

__________, __________, __________, __________,
__________, __________, __________, __________,
__________, __________.

둘째로, 때에 따라 당신이 명단에 적은 사람들과 전화나 편지나 초청을 통해 접촉하라. 또한 계속적으로 그들에게 성경이나 영적 서적이나 전도지 등을 보내 주라. 지속적으로 자주 접촉해야 하지만 너무 자주 하지는 말라. 하루 저녁은 열심을 내고 후에는 한참 동안 잊고 지내거나 일주일 내내 접촉하려고 하지 말라.

셋째로, 자신의 가정과 학업의 필요에 따라 매일, 매주, 매달의 시간을 안배하라. 사람을 접촉하고 복음을 전하는 데 쓰도록 많지도 않고 적지도 않은 적절한 시간을 내야 한다.

넷째로, 위에서 말한 시간의 안배에 따라 매주, 매달 충실히 실행하라. 사람을 접촉하고 복음을 전하기 위해 매주에 한 번, 한 시간 내지 두 시간을 내는 것이 가장 좋다.

여러분은 이 일을 장기적으로 해야 한다. 날마다 이렇게 해 나가면 점차 효과를 보게 될 것이라고 믿어야 한다. 만약 여러분이 이렇게 충실하게 실행한다면 적어도 한 사람이 한 사람을 이끌 수 있다는 믿음과 확신이 있게 된다. 이 요점들은 모두 구체적인 것이므로 당신은 반드시 그대로 실행해야 한다. 이것을 가볍게 보지 말고 너무 어렵다고 생각하지도 말라.

- 당신은 이름을 써 낸 사람들과 어떻게 접촉하려고 준비하고 있는가? ____________________
- 어떤 시간에 사람을 접촉하고 복음을 전하려고 준비하는가?
____

명단에 적은 사람들 말고도 기회가 허락되는 대로 어느 때든지 누구에게든지 힘을 다하여 복음을 전해야 한다. 아주 좋은 한 가지 방법은 전도지를 늘 가지고 다니면서 기회 있는 대로 나누어 주는 것이다. 예를 들어, 자동차나 기차를 탈 때 기차나 차에서 나누어 줄 수 있다. 집회에 오는 길에서도 줄 수 있다. 어떤 때에는 두세 사람이 교대해 가며 사거리나 중요한 장소에 가서 전하기도 해야 한다.

어떤 때에는 복음 찬송을 부르거나, 플랜카드를 붙이거나, 사람들에게 직접 전할 수도 있다. 이 모든 것은 형식에 구애받지 않고 언제라도 할 수 있다.

오늘 당신은 복음을 전하는 많은 비결을 얻었다. 당신이 충실히 실행할 수 있기를 바라며, 머지않아 줄줄이 열매를 맺기를 바란다.

시편 1편 3절을 기도하며 외우기 바란다.

"그는 시냇가에 심은 나무가 철을 따라 열매를 맺으며".

복음을 전하는 것에 관한 찬송가 한 곡을 소개한다.

새벽부터 우리 주의 사랑 안에

4. 복음 전파의 조건

복음 전파에 있어서 가장 중요한 것은 부담이다. 바울은 로마서 1장에서 "헬라인이나 야만인이나 지혜 있는 자나 어리석은 자에게 다 내가 빚진 자라"라고 말한다. 빚은 일종의 부담이다. 우리는 자주 부담이 아주 무겁다고 말한다. 그러나 부담이 아무리 무거워도 빚을 진 부담보다 무거운 것은 없다. 만약 당신이 남에게 만 원을 빚졌다면 항상 그 짐을 지고 있을 것이다. 무엇을 하든지 그 일을 생각할 것이다. 어느 날 당신에게 만 원이 생겨 그 빚을 깨끗이 갚는다면 온몸이 상쾌해질 것이다. 바울은 복음 전파에 대해 이러한 느낌이 있었다. 바울은 자신이 어떤 개인에게 빚진 것이 아니라 유대인과 헬라인과 그의 민족에게 빚을 졌고 온 인류에게 빚을 졌다고 말한다. 바울은 정말 마음이 큰 사람이다. 지금 당신도 여러분의 동료나 친구들에게 빚졌다는 부담을 갖기 바란다. 당신이 학생이라면, 바울처럼 전체 학생에게 빚을 지지는 않을지라도 당신과 같은 반 급우들에게는 빚을 진 것이다. 마음이 이 정도로도 크지 못하다면, 당신은 최소한 당신의 좌우에 앉은 급우들에게 빚을 지고 있다. 아무튼 우리는 이 땅에서 몇몇 사람들에게 빚을 지고 있으며 이 빚의 짐을 매일 우리 몸에 짊어지고 있다.

- 복음 전파에 가장 중요한 것은 ________을 갖는 것이다.
- 부담은 ______________________과 같다.
- 당신은 어떤 급우들에게 부담을 가지고 있는가?

____

복음의 부담을 가진 후에는 복음의 영을 갖기를 배워야 한다. 복음의 영은 첫째로 부담에서 오는 것이고, 둘째로 기도에서 오는 것이다. 빚을 위하여 당신에게는 기도가 필요하다. 가장 좋은 방법은 명단을 작성하여 기도하고 주님의 인도하심을 구하는 것이다. 기도의 횟수가 많을수록 좋다. 전에 나는 매번의 기도가 천칭(天秤)의 한 쪽에 작은 종이를 올려놓는 것과 같다는 예를 든 적이 있다. 그 얇은 종이는 아주 가볍고 무게도 별로 나가지 않는다. 그러나 오늘 기도한 것이 종이 한 장을 올려놓는 것이고, 내일 기도하는 것이 종이 한 장을 올려놓는 것이고, 모레 기도하는 것이 한 장을 더 올려놓는 것이다. 당신이 아침에 기도함으로 한 장 올려놓고 저녁에 기도함으로 또 한 장을 올려놓고, 이렇게 하여 이 개월이 지나면 천칭(天秤) 위에 있는 종이는 무거워진다. 고아원을 경영했던 조지 뮐러는 많은 사람의 이름을 불러 가며 기도했다. 그는 임종(臨終) 때에, 그가 이름을 불러 기도한 사람 중 한 사람 외에는 모두 구원을 받았음을 간증했다. 그러나 그의 전기를 쓴 사람은 뮐러가 세상을 떠난 지 얼마 못 되어 그 한 사람도 구원을 받았다는 말을 추가했다.

- 복음의 영은 어디에서 오는가?

1. ____

2. ____

● 당신은 어제 적은 이름들을 위하여 기도했는가?

____

복음이 신선하고 활력 있고 감동적이려면 반드시 기도를 하여 먼저 자신을 구원해야 한다. 자신이 구원받도록 기도한다면, 다른 사람은 구원받지 못해도 당신은 구원받게 된다. 당신 자신이 부끄러움과 세상으로부터 나와야 한다. 자신이 모든 환경으로부터 구원받을 정도로 기도해야 한다.

타이어가 못에 찔리면 바람이 빠져서 힘이 없게 된다. 타이어에 바람이 충만하듯이 주님으로 충만하도록 반드시 기도를 해야 한다.

먼저 남을 위하여 기도하지 말고 자신이 구원받도록 기도해야 한다. 자기가 구원받지 않았는데 어찌 복음을 전할 수 있는가? 복음을 전하려면 어떤 일에도 사로잡히지 않는 사람이 되어야 한다.

우리가 해방 받은 사람이 되어야 남을 해방할 수 있다는 것을 반드시 기억하기 바란다. 그러므로 자신이 먼저 해방 받은 사람이 되도록 많은 기도가 필요하다.

당신은 "주님, 당신은 저로 하여금 능력을 얻도록 이미 경륜의 영을 제 몸에 부으셨습니다. 저는 이 능력을 얻기 위해 겉옷을 입듯이 이것을 취합니다."라고 기도하라. 복음을 전하기 전에 기도를 많이 할수록 좋다.

● 당신은 복음을 전하기 전에 기도를 한 적이 있는가?

____

셋째로, 복음을 전하려면 얼굴이 두꺼워야 한다. 얼굴이 얇으면 말씀이 사람에게 감동을 주지 못한다. 환경이 특별히 좋아서 천성적으로 얼굴이 두꺼운 사람은 많지 않다. 얼굴이 두꺼운 것은 훈련에서 나온 것이다. 여러분은 얼굴이 두꺼워지도록 훈련해야 한다. 얼굴이 두껍고 영 안에서 미쳐야 복음을 전할 수 있다.

복음을 전하려면 자신을 의식하지 말아야 한다. 얼굴은 '색깔이 없을 정도' 로 두꺼워야 한다. 얼굴이 하얗게 변하다가 또 붉어져서는 안 된다. 사람들이 당신을 환영하든 욕하든 미워하든 거절하든 감각이 없어야 하는 것이다.

넷째로, 복음을 전하며 죄인을 구원받게 하는 것이 열매 맺는 것임을 알아야 한다. 요한복음 15장 1절부터 8절까지를 읽어 보면 구원받은 사람은 주님의 몸의 한 가지임을 볼 수 있다. 만약 당신이 나무에서 열매를 맺지 않는다면 제해질 위험이 있다. 제해지는 것은 지옥에 가는 것이 아니다. 제해지는 것은 주님의 풍성을 누리는 위치를 잃는 것을 뜻한다. 당신이 가지로서 나무에 붙어 있으면 나무의 모든 풍성을 누릴 위치를 갖는다. 일단 제해지면 나무의 풍성을 누릴 위치를 잃게 된다. 그러므로 당신이 구원받은 뒤에 오랫동안 죄인을 한 사람도 구원받게 하지 못하고 열매를 맺지 못하면 주님의 풍성을 누릴 위치를 잃을 위험성이 있다.

이외에도 또 하나의 위험은 "밖에 버려져 마르나니 사람들이 그것을 모아다가 불에 던져 사르느니라"(요 15:6)이다. '불에 던져 사른다' 는 말을 지옥에 가는 것으로 이해하지 말라. 일반인들은 성경을 읽을 때 천당에 가지 않으면 지옥에 가는 줄로 안다. 요한복음 15장에는 천당에 가는 사상도 없고 지옥에 가는 사상도 없다. 그 장(章)에서는 당신이 열매를 잘 맺지 못하면 주님의 풍성을 누리는 위치를 잃게 되며 길가의 가지처럼 어느 누구에게나 해를 당할 수 있는 두 가지 위험성이 있음을 말한다. 나는 구원받은 후로 오랫동안 열매를 맺지 않은 사람이 점차적으로 주님에 대한 누림을 잃고 사탄에게 끌려가 파괴되는 것을 많이 보았다.

로마서 11장은 본래 우리 모두가 돌감람나무의 가지였다가 구원받은 후에 주님의 감람나무에 접붙여져서 그분의 풍성을 누리게 되었다는 것을 말한다. 만약 우리가 오랫동안 열매를 맺지 않으면 이 누림을 잃게 되고 결국에는 보장이 없는 상황에 이르게 되어 그리스도인으로서의 앞길이 완전히 손상 받게 된다. 이것이 하나의 경고임을 기억하라.

열매 맺지 않은 데서 오는 두 가지 위험은 무엇인가?

1. ______________________________

2. ______________________________

질문:

1. 복음 전파의 네 가지 조건은 무엇인가?

복음에 관한 찬송가 한 곡을 소개한다.

만세 반석 여시어

B♭ E♭ B♭ F7 B♭
1. 만 세 반 석 여 시 어 나를 감 춰주시 네
2. 쉬 지 않 고 일 해 도 주의 요 구못이 뤄
3. 빈 손 들 고 나 아 가 십자 가 를붙드 네
4. 내 인 생 이 끝 나 고 나의 눈 이감길 때
F7 B♭ F7 B♭
주 가 흘 린피와 물 이 중 죄 를해결 해
항 상 열 심내면 서 눈 물 계 속흘려 도
벌 거 벗 은나에 게 옷 이 되 어주소 서
내 가 영 원가운 데 보 좌 앞 에갈때 에
B♭ E♭ B♭ F7 B♭
내 죄 씻 어 주 시 고 죄의 권 능벗게 해
내 죄 속 량 못 하 니 주여 구 원하소 서
생 명 샘 에 나 가 니 나를 씻 어주소 서
만 세 반 석 여 시 어 나를 감 춰주소 서

5. 복음 전파의 도구

복음 전파에는 도구가 필요하다. 도구가 없으면 불편하다. 복음의 도구가 있어야 한다. 이제 여러분에게 복음의 도구 네 가지를 알려 주겠다.

첫째로 여러분은 성경에 익숙해야 한다. 우리에게는 단을 가져오고 곡식을 거둘 마음이 있다. 그러나 당신은 빈손으로 곡식을 거둘 수 없다. 반드시 낫을 가지고 나가서 거두어야 한다. 낫은 무엇인가? 바로 성경이다. 당신은 적어도 요한복음 3장 16절의, "하나님이 세상을 이처럼 사랑하사"라는 말씀을 기억해야 한다. 또 이사야서 53장과, 베드로전서 2장 24절에 "친히 나무에 달려 그 몸으로 우리 죄를 담당하셨으니"와, 디모데전서 1장 15절의, "그리스도 예수께서 죄인을 구원하시려고 세상에 임하셨다" 등의 구절들을 익숙하게 사용하도록 기억해야 한다.

이외에도 우리 가운데 있는 복음 진리의 책을 읽기 위해 시간을 내야 한다. 이제 나는 여러분에게 세 권의 책을 소개하겠다.

첫 권은 ≪성경의 중점 진리≫ 제1권이다. 이 책은 모두 열여섯 과로 되어 있다. 이 열여섯 과는 사람의 상태로부터 시작하여 구원의 견고함까지를 다루며 구원에 관해 말한 것이다. 여러분은 이 열여섯 과를 충분히 읽어야 하고 그 안에 인용된 성경 구절은 가장 좋은 복음의 구절이기 때문에 외우는 것이 좋다. 예를 들어, 의롭다 함에 관한 구절, 구원 받음에 관한 구절, 거듭남, 거룩하게 됨, 영원한 생명을 얻는 것에 관한 구절 등이다. 몇 장 몇 절인가를 외워야 할 뿐 아니라 본문도 외워야 한다.

두 번째 책은 〈복음 강요〉이다. 이 개요는 창세기부터 요한계시록까지의 제목과 개요만으로 되어 있다. 이 책은 성경을 해석하는 방식으로 쓴 것이 아니라 제목별로 한 제목 한 제목 모두 266개의 제목을 뽑은 것이다. 각 제목별로 성경 구절들을 인용했다. 여러분은 중요한 구절들을 기록할 수 있다.

세 번째는 〈여러 부류의 사람을 도와 복음을 영접하게 하는 법〉이라는 소책자이다. 이 책은 사람을 스무 가지 유형으로 나누어 각 유형의 사람들을 어떻게 다루는지를 소개한다.

복음 전파의 두 번째 도구는 찬송을 부르는 것이다.

당신은 반드시 두 종류의 찬송가에 대해 익숙해야 한다.

그 한 종류는, "헛되고 헛되네"(한국복음서원 찬송가 701장)와 같은 복음 찬송가들이다. 이것은 전도서를 따라 쓴 것이다. 복음 찬송가를 부를 때 음악적인 요소에 너무 치중하지 말라. 음악적인 요소에 치중하면 맛을 잃게 된다. 가사 안으로 들어가 누림으로써 표정 있게 불러야 한다.

쑹상지에(宋尙節) 형제가 복음을 전할 때는 국민당군(國民黨軍) 당시에 공산당을 대적한 중국 국군)이 북으로 싸우러 갈 때여서, 국민 혁명군의 노래가 있었다. "열강(列强)을 쳐부수자 열강을 쳐부수자 공산당을 제하자 …" 어느 날 사람들은 모두 강단을 보고 있었고, 강단에는 쑹상지에(宋尙節) 형제가 없었다. 갑자기 그가 찬송가를 부르며 들어 왔다. "사탄을 쳐부수자 사탄을 쳐부수자 죄악을 제하자 죄악을 제하자 …" 결국은 참석자 전부가 정복되었다. 복음을 전하지 않았어도 구원을 받았다. 사탄이 무너지고 죄악도 제하여지고, 모두가 해방을 받았다. 여러분은 생각이 많은 사람을 두려워하지 말라. 그러한 사람은 과학을 공부하고 또 공부하지만 참으로 피곤한 사람이다. 당신은 토요일에 그를 데리고 찬송을 불러야 한다. 그러므로 당신은 복음 찬송을 부르기를 연습해야 한다.

다른 한 종류의 찬송은 구원의 확신에 관한 것이다.

사람에게 복음을 전하는 가장 훌륭한 방법은 그에게 찬송을 불러 주는 것이다. 당신은 친구에게 복음을 전할 때 찬송을 불러 주라. 형식에 구애받지 않으면 찬송의 기쁨이 그들을 감동시킬 것이다. 부르고 부른다면 그들은 믿기 원할 것이다.

세 번째 도구는 전도지를 뿌리는 것이다. 우리는 전도지를 지니고 다니는 습관을 길러야 한다. 학교 가는 길에나 출근길에나, 길에서 사람을 만날 때마다 뿌린다면 반드시 효력이 있을 것이다. 오늘 미국의 상업상의 통계에 따르면 광고지 백 장 중 세 장만 실효를 거두어도 돈을 번다고 말한다. 이 말은 뿌린 전도지 백 장 중 세 장만 역사해도 구원받은 사람이 있게 된다는 말이다.

전도지를 뿌리는 것은 복음의 분위기를 유지하기 위한 것이고, 또한 당신의 부끄러움을 깨뜨린다. 여성들도 전도지를 뿌릴 때 부끄러워 할 뿐 아니라 남성들도 뿌리면서 미안해 한다.

지금까지 나는 찾지 못했네

그러나 당신이 기꺼이 준다면 모든 묶임을 돌파할 것이다. 어둠은 참으로 권세가 있다. 당신은 공자를 말할 때에는 수치스럽게 느끼지 않으면서 예수님을 말할 때에는 수치스러워 한다. 기독교 나라인 미국도 여기서 예외가 아니다. 이것은 마귀에게 속한 것이므로 우리는 돌파해야 한다. 돌파하여 복음을 전해야 한다.

미국의 대 전도자인 무디(D. L. Moody)는 매일 적어도 한 사람에게 예수님을 전하고, 적어도 한 마디를 전해야겠다고 결심했다. 어느 날 밤이 깊어 잠을 자려고 했을 때 갑자기 그날 사람들에게 예수님을 전하지 않은 것이 생각나서 곧장 일어나 옷을 입었다. 밤이 깊었기 때문에 길가에는 사람이 없었고 한 경찰만이 있었다. 그는 달려가서, "경찰관님, 당신은 예수님을 믿어야 합니다. 예수님을 믿지 않으면 지옥에 갑니다."라고 말했다. 그때 경찰은 머리를 돌리며, "상관하지 마시오!"라고 말하고는 집으로 돌아갔다. 다음 날 그 경찰은 그 일을 매우 흥미롭게 느꼈고, 그가 바로 유명한 '미치광이 무디' (당시 무디에 대한 호칭)임을 알고는 주소를 알아내어 그를 찾아가서 구원을 받았다. 당신에게는 이러한 정신과 영이 있어야 한다.

● 당신에게는 전도지를 뿌리는 습관이 있는가?

전도지를 항상 지니고 다니면서 동료에게 전해 줄 수 있기를 바란다.

넷째로, 기회를 붙잡아 당신의 동료나 급우들에게 복음을 전하라. 한 번, 두 번, 세 번, 네 번, 복음을 전하면 효과가 있게 된다. 당신은 효과가 없다고 느끼겠지만 당신의 말을 들은 동료나 급우들은 이십 년 후 어떤 장소에서 당신이 말한 것을 생각하게 될 것이다. 그

때가 그가 구원받는 때이다. 우리 가운데 이러한 간증들이 많다. 이 때문에 주 예수님은, "한 사람이 심고 다른 사람이 거둔다 하는 말이 옳도다"(요 4:37)라고 말씀하신 것이다. 오늘 당신이 대학교에서 씨를 뿌리면 아마 이십 년 후 유럽에서 거둘지도 모른다. 그러면 그 사람이 당신의 장부에 기록된다. 아무튼 당신은 씨를 뿌려야 한다. 바울은 "너는 말씀을 전파하라 때를 얻든지 못 얻든지 항상 힘쓰라"(딤후 4:2)라고 말했다.

● 당신은 일 년에 몇 사람을 인도하기로 정했는가?

____

일은 반드시 순서에 따라 진행해야 한다. 첫째로 부담이 있어야 하고, 둘째로 기도해야 하고 다음으로 복음의 영이 있어야 한다. 셋째로, 명단을 써서 한 사람 한 사람을 위해 기도해야 한다. 넷째로 성경 말씀, 찬송가 등의 도구를 예비하여 훈련해야 한다. 마지막으로, 날마다 전도지를 뿌리고 사람을 접촉하고 동역자들과 캠퍼스 복음의 봉사를 하는 사람들과 연결되는 것이다. 당신이 안팎에서 서로 공급하고 반응하고 협력한다면 일 년에 네 사람을 인도한다고 해도 많은 것이 아니다. 당신이 양어장에 있기 때문에 마음대로 잡을 수 있다. 오늘 잘 되지 않으면 내일 다시 해 보라. 당신이 이렇게 사람을 구하면 자신이 자라게 된다. 요한복음 15장을 보면, 열매 맺는 나무는 다 풍성하고, 열매 맺지 않는 나무는 모두 쇠약하다. 반드시 열매를 맺어야 한다.

이외에도 우리는 당신을 위하여 〈인생의 비밀〉이라는 소책자를 예비했다. 이 소책자는 하나님의 경륜을 간략하게 열어 준다. 당신이 이 메시지를 사용법대로 전하면 동급생들이 반드시 구원받을 것이다. 주님께서 당신을 축복하시기를 바란다.

빈손 들고 주님 앞에

6. 복음 전파의 비결

복음을 전할 부담을 가진 사람은 모두 복음 진리를 배워야 한다. 진리는 마치 학문과 같다. 당신이 초등학교를 나왔으면 말투에서 초등학교 수준을 느낄 수 있고, 중학교를 나왔으면 중학교 수준을, 대학을 나왔으면 대학교 수준을 느낄 수 있다. 우리의 복음 진리에 대해서도 이와 같다. 반드시 복음 진리를 읽어서 말하는 가운데 복음 진리가 흘러나오도록 자신을 양육해야 한다. 복음을 전할 갈망이 있는 여러분은 반드시 복음 진리에 시간을 많이 드려야 한다.

오늘 기독교에서는 말씀을 전하는 것이나 전도나 진리를 말하는 일을 모두 신학교 출신자들에게 하게 한다. 그러나 성경에 따르면 성도 개개인이 다 제사장이다. 교사나 사도나 복음 전하는 자가 복음을 전해야 할 뿐 아니라 모든 믿는 이들도 복음을 전해야 한다. 우리는 이것을 지금 실행하자.

이제 우리는 복음 전파의 비결을 보기로 한다.

복음을 전하려면 반드시 말을 해야 한다. 이 점은 매우 중요하나 대부분의 그리스도인이 소홀히 하고 있다. 많은 사람이 복음 전파는 생활과 행위의 간증에 있지 말하는 데 있지 않다고 생각한다. 이것은 사탄의 궤계이다. 어떤 형제든 자매든 사람 앞에서 복음을 많이 말할수록 그의 생활과 행위에 더 변화가 있을 것이다. 어떤 사람에게, "당신은 왜 복음을 전하지 않나요?"라고 물으면, 그는 "저 같은 사람이 어떻게 전할 수 있겠습니까?"라고 말한다. 좋은 행실이 없으면 입을 열지 말아야 하고, 열어도 소용이 없고 도리어 방해가 된다고 말한다. 그러나 사실 그가 입을 열지 않을수록 더 형편없게 된다. 형편없는 형제라 할지라도 일어나서 사람에게 복음을 한 번 전하면 그다음 날에는 좋아지게 된다. 형제들이여, 복음은 행위로만 전하는 것이 아니라 말로도 전하는 것이다. 그러므로 가서 말해야 한다. 계속 말하면 행위도 좋아지고 생활도 좋아진다. 당신의 행위가 나쁜 이유는 당신이 복음을 전하지 않기 때문이다. 어떤 사람은 구원받은 지 삼 년이 되었는데도 여전히 영화를 보러 간다. 그것은 그가 복음을 전하지 않기 때문이다. 만약 그가 구원받은 바로 다음 날에 복음을 전하러 가서 사람들에게, "저는 예수님을 믿었습니다. 당신도 믿어야 합니다. 예수님은 죄인들의 구주십니다. 예수님은 사람을 죄악에서 능히 구원하실 수 있으며 오락에서 능히 구원하실 수 있는 분이십니다."라고 말한다 하자. 첫 번째로 오락에서 벗어나는 사람은 그 사람 자신임을 기억하라. 그는 더 이상 영화 구경을 가지 않을 것이다. 그가 다시 영화를 보러 간다면 자기가 한 말이 자신을 유죄 판결할 것이다.

이뿐 아니라 에베소서 6장은 복음이 우리를 세상의 더러움에서 멀리 떠나게 하는, 발에 신은 신이라고 말한다. 당신이 사람들에게 복음을 전한다면 그들이 범죄를 저지르려 할 때 당신을 찾지 않을 것이다. 그들은 이렇게 말할 것이다. "그 사람을 찾지 마라. 그 사람은 어제 복음을 말하던 사람이기 때문에 찾아가도 소용없다." 만약 당신이 입을 다물고 복음을 조금도 말하지 않고, 다만 좋은 행실로 간증하려고 한다면 점차 당신에게는 도박하는 동료, 영화 보러 가는 급우들이 올 것이다. 이 사람이 당신의 손을 끌어당기고 저 사람이 당신의 옷을 잡아당겨 당신을 끌고 갈 것이다. 이러한 예는 많다. 어떤 사람이 이웃 앞에 간증이 없는 이유는 그들에게 복음을 한 번도 말한 적이 없기 때문이다. 만약 그가 이웃에게 복음을 한 번 전했다면 그가 전한 것이 그로 하여금 이웃 앞에서 쉽게 잘못을 저지르지 않도록 보호해 줄 것이다. 그러므로 형제자매들은 복음을 전하려면 반드시 좋은 행위가 있어야 한다고 말하지 말라. 이러한 말은 구원받은 지 오래 된 사람에게는 마땅히 해야 할 말이지만 새 신자들에게는 해당되지 않는 말이다. 새 신자들은 다만 가서 말하고 전해야 한다. 복음을 전하려면 말하고 전해야 한다. 말하고 전하는 이것이 당신의 보장이다.

- 복음 전파의 첫째 비결은 ______________________이다.
- ________________이 당신의 그리스도인 생활의 보장이다.

사도행전 4장 20절을 읽기 바란다.

"우리는 보고 들은 것을 말하지 아니할 수 없다 하니".

사탄은 계속 사람의 입을 봉하여 전파하지 못하게 한다. 전하려면 입을 열지 않으면 안 된다. 당신이 약한 이유는 전하지 않기 때문이다. 당신이 전하면 강해진다. 당신의 생활이 정상(正常)이 아니라고 여겨서 말하지 않아서는 안 된다. 당신의 생활이 정상이 아닌 이유는 당신이 말하지 않기 때문이다. 당신이 말하면 생활이 정상적으로 된다. 형제자매들이여, 우리는 기독교의 일반적인 관념에 반대하며 자기의 상태를 상관하지 말고 무조건 가서 전해야 한다. 복음을 전하려면 사람을 데려와야 할 뿐 아니라 사람에게 전해야 한다. 말을 할 줄 모르거나 잘 전하지 못하더라도, 완전하지 않아도 전해야 한다. 오, 나는 이 비결을 다 말하지 못하고 이 안의 비결을 다 말하지 못한다. 형제자매들이 실행해 보면 알 것이다. 그리스도인이 섬기는 하나님은 벙어리 우상이 아니라 말씀하시는 하나님이시므로, 우리도 반드시 말하는 사람이 되어야 한다.

오늘날 그리스도인들은 이 보배를 잃어버렸고 도리어 마귀의 자녀가 이것을 가져갔다. 나는 이것을 깊이 느낀다. 오늘 이 세상에서 가장 인기 있는 사람들은 말에 매우 능한 사람들이다. 그들이 전한 것은 거짓말에 불과하고 우리가 전한 것은 모두 참된 것이다. 그러나 우리는 오히려 말하지 않는다. 이것은 큰 잘못이다! 우리는 마땅히 전하고, 계속 전해야 한다.

복음 전파는 전염병처럼 사회에 소동을 일으키고 안정을 깨는 것 같다. 그러나 솔직히 말해서 진정으로 사회를 안정시키는 것은 복음이다. 우리가 신문을 펴 보면 매일 자살이나 살인이나 강간이나 음란이 있다. 이것은 다른 것 때문이 아니라 이 사회에 복음이 부족하기 때문이다. 그러므로 우리는 반드시 나아가서 전해야 한다. 율법이 할 수 없는 것을 복음이 할 수 있고, 사람이 속박하지 못하는 것을 하나님은 속박하실 수 있다. 한 가지 안타까운 일은, 타락한 기독교가 복음 전파를 하나의 직업으로 바꾸었다는 점이다. 이것으로 세계를 세우는 사람도 있다. 우리는 반드시 이러한 관념을 바꿔야 한다. 또한 노련하고 성숙하고 경험이 있고 교리를 이해하는 사람만이 복음을 전할 수 있다고 생각하지 말라. 아니다. 바로 어제 침례 받은 사람이라도 나가서 전해야 한다. 입을 다물지 말라. 그리스도인의 입은 다물어져서는 안 된다. 계속 말해야 한다. 가서 전해야 한다. 옳아도 틀려도 전해야 한다. 어쨌든 예수님은 구주이시기 때문에 틀리지 않는다. 이렇게 계속 전함으로 복음이 전파되는 것이다.

복음 전파의 두 번째 비결은, 한 면으로는 효과를 바라고 한 면으로는 효과를 믿지 않는 것이다. 복음을 전하는 모든 사람은 효과를 바라야 하고 또한 효과를 너무 믿지 말아야 한다. 우리는 계속해서 많은 사람이 구원받기를 바라고 분량 있는 사람이 구원을 받으며 사람들이 철저히 구원받는 효과를 바라야 한다. 그러나 다른 면으로는 효과를 믿지 말아야 한다. 복음의 효과는 누구도 예측하지 못한다. 당신은 효과를 너무 믿지 말아야 한다. 그러나 자신을 위로하면서, "아, 결과를 믿지 말아야 한다."라고 하며 사람이 구원받든지 안 받든지 상관하지 않아서는 안 된다. 아니다. 여기에는 양면이 있다. 한 면으로는 계속 사람들이 구원받기를 바라야 하고 강하고 철저하게 구원받기를 바라야 한다. 그러나 또 한 면으로는 그 효과를 너무 믿지 말아야 한다.

셋째로, 복음을 전할 때 눈을 감아야 한다. 복음을 전하는 사람 모두가 마음이 불타야 하고 두뇌는 분명하지 않아야 한다. 마음은 불타야 하고 두뇌는 엉뚱해야 한다. 어떤 사람을 만나든지 예수를 전하고, 믿으면 구원받는다고 말해 주라. 사람이 믿고 영접했으면 하나님의 말씀을 따라 그가 구원받은 것을 알려 주어야 한다. 당신은 결코 '이 사람은 거짓으로 믿었을 것이다. 이 사람은 아마 밀알이 아니라 가라지일 것이다' 고 생각하지 말라. 만약 당신이 이렇게 한다면 당신은 복음을 잘 전하지 못할 것이다. 거짓으로 믿는 사람을 인도하게 될까 두려워하지 말라. 그것은 교회의 치리(治理)의 문제이지 복음 전하는 문제가 아니다. 교회를 치리하는 사람은 두뇌가

냉정하고 분명해야 한다. 그러나 복음을 전할 때에는 모두 어리석어야 한다. 어리석을수록 좋은 것이다.

넷째로 얼굴이 두꺼워야 한다. 감각이 없는 사람이 되도록 자신을 훈련하라. 사람이 당신을 욕해도 알지 못하고 당신을 비웃어도 느낌이 없어야 한다. 당신의 얼굴이 두꺼워야 복음을 전할 수 있다. 만약 어떤 사람이 눈으로 당신을 한번 보았다고 해서 얼굴이 빨개진다면 당신의 얼굴은 종이보다 얇기 때문에 복음을 전하지 못한다. 얼굴이 얇은 사람은 복음을 전하지 못한다. 복음을 전하려면 얼굴이 두껍도록 훈련해야 한다.

약 백 년 전에 궈쉬안더(郭懸德)라는 중국 이름을 가진 미국인 전도자가 있었다. 그는 미국에서 중국 북방으로 복음을 전하러 갔을 때 감각이 없을 정도로 얼굴이 두꺼웠다. 그가 마을을 지나갈 때 뒤에서 한 무리의 사람들이 따랐는데, 특히 아이들은 흙을 그의 몸에 던지고 그를 욕했지만 그는 감각 없이 당황하지도 않은 채 계속 앞으로 걸어갔다. 어느 정도 걸은 후에 머리를 돌리고 그들에게 "됐다. 됐다."라고 하며 여전히 웃었다. 그는 이렇게 감각이 없으므로 결국에는 복음을 전파한 것이다.

복음을 전하는 사람은 반드시 감각이 없어야 한다. 감각 있는 사람은 복음을 전하지 못한다. 감각 있는 사람이 감각 없는 사람으로 변해야 복음을 전할 수 있다. 천연적으로 얼굴이 두꺼운 것은 아무런 가치가 없다. 주님을 위하여 얼굴이 두꺼워지고 감각이 없게 되는 것이 유용하다. 우리는 어떤 일에서든지 수치를 알아야 하고, 수치감이 있어야 한다. 이것이 사람에게 보호가 된다. 특별히 자매들이 수치를 아는 것은 하나의 보호이다. 그러나 복음을 전하는 일에 있어서는 정반대이다. 주님을 위하여 이러한 수치감을 버려야 한다.

수치를 전혀 모르고 수치감이 전혀 없어야 복음을 전할 수 있다.

다섯째로 당신이 나가서 복음을 전할 때 누구에게 전하든 언제 어디서 전하든 반드시 믿음이 있어야 한다. 복음은 모든 믿는 사람을 구원하는 하나님의 능력임을 믿어야 한다. 환경을 보지 말고, 상반된 상황도 보지 말고, 그때의 상황도 보지 말라. 만약 어떤 사람이 조금 반대한다 하여 당신이 힘이 빠진다면 복음을 전할 수 없다. 사람이 심하게 반대할지라도 여전히 믿어야 하고 전해야 한다. 아무리 반대하는 상황이 있더라도, 당신은 복음에 사람을 구원하는 능력이 있음을 믿어야 한다. 동시에, 어떤 사람에게 전하든지 그가 반드시 구원받은 것을 믿어야 한다. 이러한 믿음 안에는 뜻을 굽히지 않음과 담대함과 용기가 포함되어 있다. 상대방이 어떤 사람이든, 어떻게 반대하든, 어떤 반대하는 분위기가 있든, 상황이 어떻게 어렵든 전혀 상관하지 않는 것이다. 오직 한 가지, 내가 전한 복음에 능력이 있다는 것만을 믿고 전하는 것이다. 삼 년 동안 전해도 구원받은 사람이 없을지라도 여전히 구원받을 것을 믿어야 한다. 나의 친척에게 오 년 동안 계속 전했는데도 지금까지 회개하지 않을지라도 언젠가는 그가 회개할 것이라고 믿어야 한다. 이러한 믿음은 지속되어야 한다. 이것은 복음을 전할 때 결핍되어서는 안 될 복음 전파에 대한 믿음이다. 여기에는 훈련이 필요하다.

질문:

1. 복음 전파의 다섯 가지 비결은 무엇인가?

______

______

______

2. 이번 주에 당신은 몇 사람에게 복음을 전했는가?

___

새 생명의 교육 과정 5

복음 전파

인쇄일/ 2013년 3월 28일
발행일/ 2013년 4월 15일
저자/ 워치만 니, 위트니스 리
역자/ 한국복음서원 편집부
발행인/ 이희득
발행처/ 한국복음서원
등록/ ®1978.3.6. 제16-12호

주소/ 경기도 성남시 중원구 사기막골로 124, 1408호
(SKn테크노파크 비즈동) (462-721)
전화/ 1600-3191
팩스/ 031) 776-3389

ISBN/ 978-89-6737-075-6 04230
978-89-6737-070-1 (세트)

http://www.kgbr.co.kr
E-mail:kgbr@kgbr.co.kr

정가 2,000원